AF339965

LETTRE

D'UN COLONEL FRANÇAIS.

LETTRE

D'UN COLONEL FRANÇAIS

A L'HONORABLE ET TRÈS-RÉVÉREND

LORD EVÊQUE D'E****,

PAIR DE LA GRANDE-BRETAGNE.

PARIS.

1815.

AVERTISSEMENT

DE L'ÉDITEUR.

Nous avons cru faire plaisir au Public, en lui faisant connaître la lettre qu'un colonel français a écrite il y a quelques jours à un évêque d'Angleterre. L'auteur de cette lettre avait fait l'année dernière, un séjour de quelques mois chez les Anglais ; c'est à cette époque qu'il eut l'occasion de faire la connaissance du lord évêque d'E****, à qui il avait été adressé par un seigneur anglais qui se trouvait alors à Paris. L'évêque d'E**** appartient à l'une des plus illustres familles de l'Angleterre, et est d'ailleurs un homme rempli d'esprit et d'amabilité. Au mois de février dernier, il avait prié l'auteur de cette lettre de lui faire, à Paris, quelques emplètes de livres, de gravures, etc. , et dans la lettre de remerciment qu'il lui écrivit à la fin d'avril, à ce sujet, il lui exprimait, en post-scriptum, son étonnement de voir qu'il avait déserté la cause des Bourbons pour se ranger sous les aigles de Napoléon. C'est la réponse du colonel français à l'évêque anglais qu'on va lire. Cette lettre n'est donc point un pamphlet de circonstance ; elle a réellement été écrite au lord évêque d'E****, le 11 du mois de mai dernier. Un savant étranger, célèbre par ses écrits historiques et politiques, et maintenant à Paris, et deux personnes distinguées de la capitale peuvent en attester l'authenticité. C'est engagé par elles, que le colonel s'est décidé à la rendre publique. Nous devons prévenir les lecteurs qu'il n'a eu aucune part aux notes, qu'elles sont toutes de l'éditeur, excepté celle où il est parlé du cordon bleu, qui est de l'auteur de la lettre.

LETTRE

D'UN COLONEL FRANÇAIS,

*A l'honorable et très-révérend Lord Evêque d'E****, pair de la Grande-Bretagne.*

MYLORD,

Vous me reprochez de n'être pas resté conséquent avec les principes que je professais l'année dernière : je n'aurai besoin que de récapituler les faits pour répondre à une accusation si peu fondée.

D'abord, Mylord, j'avouerai franchement qu'au mois de mai et de juin de l'année dernière, je voyais avec plaisir les Bourbons placés sur le trône de France, quoique deux mois auparavant je portâsse de très-bon cœur les armes contre la ligue qui les ramena parmi nous. A cette époque, par un concours de circonstances malheureuses, la guerre n'était plus nationale en France. Des conseils pernicieux donnés à l'Empereur par ceux qui auraient dû l'éclairer sur le commerce extérieur de la France, avaient exaspéré au dernier degré les villes maritimes. On eût dit que ceux qui dirigeaient alors notre commerce extérieur étaient à la solde du gouvernement britannique : il est même des personnes qui ne sont pas encore revenues de cette opinion.

Les coalisés ne durent leurs succès qu'à l'espèce d'abandon où se trouva tout-à-coup le gouvernement, délaissé par quelques provinces trompées, et leur entrée dans la capitale, qu'à la trahison.

Dans ce moment d'effroi, d'incertitudes et d'espérances, parurent les Bourbons, l'olivier à la main : les proclamations les plus séduisantes les avaient précédés.

L'explosion soudaine de l'engouement pour des princes qui ne venaient, disaient-ils, que pour cicatriser les plaies de la patrie, fit oublier tous les services que Napoléon avait rendus à la France. On oublia que c'était lui qui avait enchaîné l'anarchie ; que c'était à lui que nous étions redevables d'un Code civil, d'un

Code criminel, d'un Code militaire et d'un Code de commerce. On oublia qu'il avait épuré les tribunaux d'hommes immoraux et turbulens, pour y placer des citoyens qui jouissaient en général de l'estime publique ; qu'un vaste plan d'instruction nationale avait fait disparaître tous ces essais révolutionnaires que l'esprit d'innovation avait mis à la place des vieilles universités ; et que Napoléon avait établi dans l'Empire une vingtaine d'établissemens sous le nom d'académies, et plus de cent colléges ou lycées où l'on avait placé comme professeurs les plus habiles maîtres de l'ancien régime, et des hommes distingués dans tous les genres de littérature.

Les ministres de la religion avaient oublié que c'était Napoléon, qui, après avoir mis fin aux persécutions, avait rendu au culte sa splendeur, et avait voulu que ses ministres fussent salariés par l'Etat. Les émigrés et leurs familles avaient oublié que c'était lui qui leur avait rendu la portion de leurs biens qui n'avait pas été vendue, et qui les avait fait rentrer dans le sein de cette patrie qu'ils avaient déchirée, et qu'ils voudraient avilir et ensanglanter en appelant de nouveau contre elle les vengeances de l'étranger. Mais ce que tout cœur généreux et vraiment Français n'aurait jamais dû oublier, c'est que Napoléon avait élevé le nom Français au plus haut degré de gloire ; et, qu'après tant de triomphes, une paix honteuse n'est que le précurseur des plus grandes calamités.

Malheureusement pour les Bourbons, ils étaient étrangers à cette gloire : ils n'ont pas eu assez de force d'esprit et de générosité de caractère pour s'identifier avec elle, elle les incommodait, ils nous la reprochaient.

A peine rentrés sur le sol de la patrie, ils parurent s'acharner à flétrir l'honneur de nos armées.

La première démarche du comte d'Artois fut d'ordonner l'évacuation d'Anvers et des places des Pays-Bas, dont nous étions encore maîtres ; mesure par laquelle nous avons perdu une grande limite naturelle, le Rhin, et un peuple que ses mœurs et vingt-cinq années d'union avec nous ont rendu Français. Il fut dès-lors démontré à tous les hommes clairvoyans que les Bourbons ne voulaient pas que la France fut plus grande et plus florissante qu'elle ne l'était avant leur émigration ; et les cœurs français qui s'étaient épanouis et réjouis à leur retour, s'indignèrent de leur trouver des sentimens si peu faits pour les descendans de Fran-

(11)

çois Ier., de Henri IV et de Louis XIV. (1)

Voilà, Mylord, par quelles fautes, par quels outrages faits à la gloire nationale, les Bourbons ont débuté à leur rentrée en France. On était cependant si fatigué de la guerre et des abus de pouvoir qui en étaient la suite, que si Louis XVIII et sa famille en fussent restés là, et eussent tenu les promesses qu'ils avaient faites dans leurs proclamations, et les engagemens qu'ils avaient pris par la Charte constitutionnelle, la nation eût oublié sa gloire, n'eût pensé qu'à réparer ses pertes dans le repos de la paix, et la dynastie des Bourbons eût pu reprendre racine dans les cœurs français.

----

(1) Pendant les dix mois qu'à duré l'apparition des Bourbons en France, les journaux ministériels n'ont cessé de prodiguer à M. le maréchal prince d'Ekmülh les injures les plus grossières ; on faisait venir chaque jour d'Hambourg, contre lui, de nouvelles plaintes ; toutes les villes de l'Europe semblaient avoir reçu de Louis XVIII l'ordre d'en expédier. Je crois me rappeler que les Turcs eux-mêmes en ont envoyé. Il semblait que la ville d'Hambourg eût éprouvé le sort du faubourg de Praga, et qu'un nouveau Souwarow eût foit passer une population toute entière au fil de l'épée. Le mémoire que M. le maréchal prince d'Ekmülh a

Mais bientôt les alarmes succédèrent à la sé-
curité. L'affectation que le roi avait mise à don-

---

publié, est resté une réponse sans réplique à tant d'o-
dieuses inculpations ; car je ne pense pas qu'il faille
regarder comme des réponses à ce mémoire les infâ-
mes diatribes composées dans l'antichambre de M. de
Blacas, par les valets gentilshommes, et qu'on présentait à la crédulité des Parisiens, comme l'expres-
sion de la juste indignation des Hambourgeois. Il y
a eu jusqu'à un Anglais qui a voulu faire chorus dans
ce concert de calomnies. A les en croire, M. le maréchal prince d'Ekmülh avait été au-delà des pouvoirs
d'un commandant gouverneur général, en puisant
dans la banque d'Hambourg les fonds nécessaires pour
le payement de la solde de ses troupes ; il était coupable d'avoir ramené en France une armée française
bien habillée, bien armée, bien équipée, bien sol-
dée, un parc d'artillerie magnifique. Il devait livrer à
toutes les horreurs de la famine des troupes restées
fidèles à la défense du pays confié à leur bravoure ; il
devait les punir, par la privation de toutes les res-
sources, de leur coupable fidélité ; il ne devait point
surtout apporter en France les trésors de l'étranger.
C'était un crime qui n'avait point d'exemple dans
l'histoire. Toute illimitée qu'était la clémence de
Louis-XVIII, elle était à peine suffisante pour le
pardonner..... Oui, mais quand la ville d'Hambourg

ner cette charte constitutionnelle, à la présenter à l'acceptation et aux sermens de la
chambre des pairs et de celle des députés, sans
consulter ces corps ; cette manière de donner,
ou, comme il le disait, d'octroyer une constitution, était un acte insigne et bien gratuite-
ment inutile du despotisme le plus insolent ou
le plus insensé. Il était bien aisé de prévoir que
celui qui pensait que nous ne devions tenir la

----

envoya à Paris une députation pour demander la restitution de l'argent que, selon les lois de la guerre, le
maréchal prince d'Ekmülh avait emporté avec lui,
Louis XVIII, qui était encore plus pénétré de la vérité du proverbe qui dit que ce qui a été bon à prendre est bon à garder, que de la légitimité des recla-
mations de la ville d'Hambourg, fit ordonner, sous
main, à l'abbé Louis, son ministre des finances, de
ne rien restituer. Tant qu'on ne lui avait demandé
que des provinces, des places fortes et des pièces de
canon, il s'était montré plus coulant ; aussi faisait-il
un crime au maréchal prince d'Ekmülh d'avoir tant
tenu à des bagatelles de cette espèce, et d'avoir failli
lui faire encourir la disgrâce des magnanimes alliés,
en ne leur cédant pas de bonne grâce tous les hochets
de guerre faits tout au plus pour des peuples encore
dans l'enfance de la civilisation.

liberté civile et politique que *de son bon plai-sir, de sa toute-puissance et volonté royale*, nous ôterait ces droits lorsque *son bon plaisir et sa volonté royale* jugeraient cette mesure convenable à sa toute-puissance.

Mais ce sont là des réflexions qui ne furent faites que par les hommes éclairés. La masse de la nation, lasse des malheurs des guerres étrangères, et non moins lasse des spéculations politiques, regardait encore Louis XVIII et sa famille, comme les restaurateurs de la paix, et les comblait de ses bénédictions ; mais des ordonnances du roi, des mesures prises par ses ministres, la conduite et les propos de son frère, des ducs d'Angoulême et de Berry (1) ; les dé-

____

(1) Les officiers du génie faisaient admirer au duc de Berry, dans un voyage qu'il fit à Lille, les belles fortifications de cette magnifique place de guerre. « Oui, dit-il, ces fortifications sont assez bien entre-tenues ; mais je vous avoue que j'aime infiniment mieux les fortifications à la Vauban ; elles ont un mérite que je ne retrouve pas dans celles-ci. » Le prince pre-nait ces fortifications nouvellement recrépies pour des ouvrages nouveaux ; il ne savait pas qu'elles étaient le chef-d'œuvre de ce même Vauban dont il ne con-

clamations furibondes de la duchesse d'Angoulême, dont l'imagination vindicative ou déran¡

---

naissait que le |nom. Et voilà l'homme qu'on voulait
nous donner pour un grand général ! Il faisait ma-
nœuvrer à Nancy les chasseurs à pied de la Vieille-
Garde, qu'on avait baptisé du nom de *Corps royal des
Chasseurs de France* ; le peuple accouru pour le voir
se pressait en foule sur la place où ce régiment ma-
nœuvrait. Le duc, que la présence des bons habitans
importunait, demanda à l'officier placé près de lui,
et qui commandait dans ce moment les manœuvres à
sa compagnie, s'il ne serait pas à propos de faire feu
sur cette canaille pour l'obliger à se retirer. Je l'ai
entendu faire cette question. Il écrivait à l'une de ses
maîtresses d'Angleterre, qu'il était fort heureux en
France, quoique obsédé par les demandes d'un tas
d'officiers-généraux qui prenaient la liberté de lui
adresser leurs réclamations ; qu'il en recevait plus de
cinq cents par jours, mais qu'il n'en lisait aucune.
Il riait au nez des officiers qui lui demandaient la croix
de la Légion d'honneur, ou les repoussait avec bru-
talité. Jamais on ne lui en vit porter la décoration,
non plus qu'aux autres princes de la famille ; c'était
pour eux un cordon teint du sang de la révolution.

Un colonel, dont le nom nous échappe, se rendit
chez le duc de Berry, qui était chargé de donner la
croix de Saint-Louis aux officiers suppérieurs de l'ar-

gée voit dans chaque Français qui n'a pas
émigré, un assassin de son père et de sa

---

mée. Son altesse royale sortait de table au moment où
le colonel se présente : que demandez-vous, lui dit-
elle ? — La croix de Saint-Louis, Monseigneur. —
Mais savez-vous bien ce que c'est que la croix de
Saint-Louis, lui dit le duc portant la main à la croix
d'officier de la Légion-d'honneur que le colonel avait
attachée à la boutonnière de son habit. — Oui, Monseigneur, je le sais ; c'est une croix qu'on donnait autrefois aux officiers qui avaient vingt-huit ans de services, et aux colonels qui en avaient vingt. — Mais
cette croix de Saint-Louis, vous ne savez pas ce que
c'est ; on ne la donne pas à tout le monde. — Vou-
lez-vous permettre, Monseigneur, que je vous dise à
mon tour ce que c'est que cette croix de la Légion-
d'honneur, sur laquelle vous portez la main? Ce n'est
pas une croix qu'on acquiert par cela seulement qu'on
a porté pendant vingt et quelques années l'uniforme
d'officier, sans avoir jamais fait la guerre ; je ne l'ai
gagnée qu'apres m'être trouvé à plusieurs batailles, et
avoir reçu plusieurs blessures au champ d'honneur ;
et cette même croix d'officier de la Légion, que je me
fais gloire de porter aujourd'hui, je l'ai gagnée après
avoir plusieurs fois conduit à la victoire un brave régiment. Elle me suffit, Monseigneur ; je n'en veux pas
d'autre. A ces mots, le colonel se retire avec précipi-

mère..... Tous ces actes, tous ces propos
furent regardés comme les avant-coureurs du

---

tation, et le duc reste muet. Des généraux, qui avaient
déjeûné avec son altesse royale, eurent le courage de
lui faire sentir l'inconvenance de sa conduite envers
cet officier, qui est l'un des colonels les plus distingués
de l'armée. Alors le duc dit au marquis de Laferronnais, son premier gentilhomme et son aide-de-camp :
Courez après lui ; qu'il revienne, nous lui donnerons
la croix de Saint-Louis. M. de Laferronnais rejoint le
colonel au milieu de la cour des Tuilleries, et l'invite
avec instance à revenir chez le duc. — Non, Monsieur, répond le colonel, je ne reviendrai pas chez
monsieur le duc de Berry ; il m'a insulté, et si maintenant il me présentait la croix de Saint-Louis, je la
foulerais aux pieds. Je ne connais qu'un moyen de
réparer l'outrage que je viens de recevoir : que le roi
me fasse mander auprès de lui, et ne la donne lui-
même, et je la recevrai avec respect et reconnaissance
de la main de sa majesté. Le roi fut informé, une
heure après, de cette scène. Il gronda son neveu,
comme de coutume ; mais ne fit rien pour réparer cet
outrage.

Le duc de Berry, étant à Strasbourg, voulut voir
jusqu'à quel point notre artillerie méritait la haute ré-
putation qu'elle s'était acquise. Nos artilleurs, pour
mériter l'approbation de son altesse royale, cherchent

2

despotisme, des vengeances et des proscrip-
tions : ils répandirent l'alarme sur toute la
surface du sol de la France (1).

à se surpasser : ils se surpassent en effet ; tous les officiers admirent leur adresse ; le but est atteint plusieurs fois. Chacun attend un juste tribut d'éloges de la
part du Duc. On s'étonne qu'il n'ait pas encore parlé :
on le regarde ; aucun signe d'approbation n'est peint
sur son visage.... On l'interroge ; et tant d'efforts faits
dans la seule intention de mériter son suffrage, ob-
tiennent pour toute récompense ces mots encoura-
geans : *On tire bien mieux que cela en Angleterre.*

(1) Sa compagne d'enfance et d'infortunes, mademoiselle de Tourzel, épousa, il y a quelques années,
le comte de Galar-Béarn, d'une des plus anciennes
familles de l'ancienne monarchie. Madame la com-
tesse de Béarn s'empresse d'aller présenter ses hom-
mages à la princesse, à son retour à Paris. On s'attend à voir la duchesse d'Angoulême voler dans les
bras de son amie ; on s'attend à la voir dans ce moment répandre des larmes d'attendrissement, à presser
contre son sein la compagne de son enfance, la compagne de ses malheurs ; on s'attend à la voir mêler ses
pleurs aux pleurs de son amie. Madame de Béarn,
émue jusqu'aux larmes, s'approche de la princesse.
L'œil de la duchesse reste sec, sa figure immobile ; à
peine daigne-t-elle adresser quelques mots indifférens

Je vais à présent, mylord, relater à votre seigneurie quelques-uns de ces actes de l'autorité du roi ou de ses ministres, ainsi que quelques faits relatifs à la conduite de son frere et de ses neveux, des émigrés rentrés avant ou avec eux. Votre seigneurie jugera ensuite, d'après la connaissance du cœur humain, s'il est surprenant que les Bourbons se soient aliéné à jamais et l'affection et l'estime du peuple français, et s'il est étonnant que ce peuple ait retrouvé contre

---

à celle qui avait osé se promettre un accueil si touchant. Madame de Béarn se retire confondue, presque évanouie.... Quel est donc le crime de mademoiselle de Tourzel ? d'être l'épouse d'un homme de qualité, respectable par son caractère personnel ; mais devenu, depuis son mariage, chambellan de l'Empereur...... Madame de Béarn a aggravé ce crime en paraissant, pendant un espace de dix ans, deux ou trois fois, et seulement par devoir, aux cérémonies publiques des Tuileries : le reste du temps elle le passait à la campagne, à nourrir, à élever ses enfans, à partager son temps entre les soins du présent et les souvenirs du passé, à gémir de se voir depuis si long-temps séparée de sa compagne, de son amie d'enfance, de cette même duchesse d'Angoulême, dont les infortunes royales étaient pour elle une source intarissable de regrets et de larmes.

eux et les classes privilégiées de l'ancien régime, toute la haine qui l'animait en 1791 et
1792? Je me permettrai ensuite de demander
à votre seigneurie ce qu'elle pense, comme
évêque, comme chrétien, comme membre du
sénat d'un grand peuple libre, de cette croisade
des despotes de l'Europe, du renouvellement
de cet infernal traité de Plinitz, dont le but
avoué est de nous contraindre à courber de
nouveau un front avili sous le joug de l'ancienne monarchie féodale.

Qu'avait promis Louis XVIII, et avant lui
son frère, qu'il avait nommé lieutenant-général
du royaume?

Les propriétés des acquéreurs des domaines
nationaux étaient déclarées sacrées.

La Légion d'honneur, cette récompense nationale des services militaires et civils, la Légion d'honneur était maintenue dans ses droits
et prérogatives.

Chacun devait conserver ses places, ses honneurs, etc.

On annonçait avec emphase la suppression
des droits-réunis.

On promettait une égale liberté, une pro-
tection égale à toutes les communions chré-

tiennes ; tous leurs ministres devaient être
salariés par l'État.

On déclarait tous les Français admissibles à
toutes les places, à toutes les fonctions civiles
et militaires.

On avait solemnellement promis la liberté
de la presse.

On reconnaissait enfin ce grand principe :
qu'au peuple seul ou à ses représentans appartient le droit d'établir des impôts ou taxes quel-
conques; principe que votre patrie a eu la première la gloire d'établir, et sans lequel il ne
peut exister nulle part de liberté civile et politique; ce grand principe pour le maintien duquel vos nobles ancêtres combattirent, et pour
la violation duquel ils abattirent, sur l'écha-
faud, la tête de Charles Ier.

Voyons maintenant, mylord, comment
Louis XVIII a tenu ses promesses.

1°. Il prend à sa solde des libellistes qu'il
paie pour écrire contre les acquéreurs de domaines nationaux. Les nobles réclament, à
main armée, des propriétés qui ne sont plus
les leurs. Des instructions secrètes d'un ministre, sans doute le moins fait pour être ministre, par la pétulance de son caractère, l'in-
conséquence de ses mesures et les petites pas-

sions haineuses de l'homme privé mises à la place des vastes combinaisons de l'homme d'état, de l'abbé de Montesquiou aux directeurs de l'enregistrement, leur enjoignent de rechercher les moyens de nullité que pourraient offrir les contrats (3). Le maréchal Ber-

---

(3) Louis **XVIII**, qui *était fort et très-fort* selon **M.** de Châteaubriand, crut d'abord qu'en opposant à la marche triomphante de l'empereur de nombreuses ordonnances, il l'arrêterait dans sa course et le déterminerait à s'en retourner à l'île d'Elbe. Mais les ordonnances avaient beau se succéder les unes aux autres, la nation qu'on appelait au combat restait immobile en attendant son libérateur. Les deux chambres sont convoquées en toute hâte, les ministres y viennent à chaque instant proposer tour à tour de nouveaux projets de lois. Ce ne sont plus ces hommes insolens qui, quelques mois auparavant, venaient dicter avec hauteur les volontés de leur maître. Que sont devenus ces ministres en rabat qui demandaient encore naguères avec tant de chaleur la restitution des biens des émigrés? Pâles maintenant, et l'effroi peint sur le visage, ils font un appel au dévouement de ces mêmes citoyens qu'ils menaçaient encore hier de faire exproprier par une loi. Inutiles efforts! ils ne trouvent dans ces législateurs, jusques-là si complaisans, que des hommes

thier tombe aux pieds du roi pour supplier sa
majesté de reprendre sa terre de Gros-Bois;

---

enfin désabusés. On répond par de justes reproches à
leurs injustes déclamations. Les ministres ne trouvent
plus que des juges sévères dans cette même chambre,
où ils n'avaient rencontré jusqu'alors que des instru-
mens aveugles de leur volonté. L'abbé de Montesquiou, qui avait tant de fois éprouvé jusqu'où pouvait
aller, pour un ministre perfide et corrupteur, la ser-
vile complaisance d'une assemblée qui n'avait de volonté que celle qu'on lui ordonnait d'avoir, retrouve
avec étonnement dans ceux qui censurent avec le plus
d'amertume les opérations de son ministère, ceux-là
mêmes qui s'étaient montrés les plus ardens défenseurs
et les fermes soutiens de ses sophismes ministériels. Il
ne faut pourtant pas confondre, dans cette foule de
vils aduleurs, l'auteur du rapport sur la restitution des
biens non vendus des émigrés; M. B..... s'est montré,
pendant toute la session du dernier corps législaiif,
conséquent avec les principes et avec lui-même. Aussi
eût-il le courage de reprocher, en pleine séance, à
l'abbé de Montesquiou, d'avoir fait déclarer nulle la
vente d'un domaine national dont le prix d'acquisition
allait au-delà de 5o,ooo francs, parce que le receveur
de l'enregistrement avait trouvé sur ses registres qu'un
reliquat de 6o frans, dû pour achever le paiement de
je ne sais quel prétendu droit, n'avait point encore été

il y a ordre à tous les journaux de faire un
pompeux éloge de cette offre généreuse, et

---

payé. M. B...... avait la certitude que c'était d'après
les ordres des abbés Louis et Montesquiou que cette
vente avait été si odieusement annulée. Qui le croirait ?
Montesquiou eût l'impudence de nier qu'il eut eu part
à cette affaire. Il ne peut pourtant pas nier qu'il eût
transmis aux préfets et sous-préfets des instructions
qui leur enjoignaient de faire procéder à la révision
des ventes de biens nationaux. Mais, à l'en croire, il
n'avait fait ces instructions que dans l'intérêt du gouvernement, qui, disait-il, avait été trompé souvent
et frustré de ses droits par un grand nombre d'acquéreurs ; que cette mesure n'avait eu que le bien public
pour objet ; que, du reste, il n'avait approuvé l'annulation d'aucune vente de domaine nationaux ; et,
qu'au contraire, il avait provoqué et obtenu la desti-
tution du receveur de l'enregistrement, qui avait pu
méconnaître l'esprit des instructions qui lui avaient
été adressées, au point de faire une application aussi
injuste de la loi. Après cette déclaration faite à la tri-
bune de la chambre des députés, à dix heures du soir,
l'abbé de Montesquiou se rend en toute hâte au ministère de l'intérieur, expédie sur-le-champ un courrier
au préfet du dép. de la Côte-d'Or où l'annulation de la
vente avait été faite, et lui ordonne de destituer sur
l'heure le pauvre receveur de l'enregistrement, qui
n'était coupable que de s'être conformé aux ordres du

de la manière obligeante avec laquelle le roi a accueilli cette restitution. Il n'est sorte de manœuvres secrètes qu'on ne mette eu jeu pour détruire la Légion d'honneur; mais l'autorité,

---

ministre. J'oubliais de dire que ces ordres n'étaient pas les mêmes pour tous les préfets; on les mettait plus ou moins dans la confidence, selon qu'on les savait plus ou moins disposés à faire aveuglément ce qu'on attendait de leur dévouement à la bonne cause. Enfin quelques jours avant l'arrivée de l'empereur en Provence, M. de ...., se disant héritier de l'amiral Bailly de Suffren, dont les biens avaient été vendus comme domaines nationaux depuis vingt quatre ans, et qui, depuis cette époque, avaient passé en quatorze ou quinze mains différentes; M. de ...., accompagné d'une trentaine d'émigrés et de domestiques armés, somma le dernier propriétaire de lui rendre ce qu'il appelait son bien; et, sur le refus de celui-ci, le chassa de vive force lui et sa famille. L'acquéreur évincé se rendit de suite à Marseille, et porta ses plaintes à M. le marquis d'Albertas, préfet du département, qui le persiffla sur son expulsion, et ne fit aucun droit à sa réclamation. De pareilles scènes ayant eu lieu à-peu-près dans le même temps en Bretagne, en Dauphiné et dans presque toutes les provinces, et le gouvernement n'ayant rien fait pour réprimer de tels attentats, il fut facile de voir qu'il en favorisait les auteurs, et l'alarme devint universelle.

obligée de différer l'exécution de ce projet, imagine de la déconsidérer. Elle est prodiguée avec scandale ; il ne faut que la demander pour l'obtenir ; et tandis qu'aucun des maréchaux n'est décoré du cordon bleu (1) , tous ceux

---

(1) Le cordon bleu ou l'ordre du Saint-Esprit était chez nous le premier ordre de chevalerie. Le souverain n'en décoraient que nos maréchaux , nos ducs , et autres grands personnages vulgairement appelés grands seigneurs. Et puisque la Légion-d'honneur, qui a pris naissance au milieu de nos armées , et que sa décoration , qui fut d'abord un *sabre d'honneur*, pour récompenser les actions d'éclat ; puisque cette Légion est si odieuse à nos ennemis *domestiques*, rappelons-leur la noble origine du cordon bleu. Eh bien ! il ne faut pas être bien érudit pour savoir que l'ordre du Saint-Esprit fut imaginé par le roi extravagant, faible, et plus que libertin Henri III, au milieu de ses orgies moitié sodomiques, moitié superstitieuses , avec les Quélus , les Saint-Maignin , les Joyeuse , et autres mignons. Mais telle institution qui a l'origine la moins estimable ou la plus frivole, comme par exemple l'ordre de la Jarretière, peut s'ennoblir et devenir respectable par la suite du temps et la sanction des préjugés. Ainsi, avant notre révolution , l'ordre de ce qu'on appelait le crachat du Saint-Esprit, commandait réellement le respect, parce que dès l'enfance on était

qui, pendant vingt-cinq ans, ont porté les armes
contre leur patrie, portent insolenment le ru-

accoutumé à n'en voir décorés qu'un petit nombre
d'hommes qu'on savait être de très-grands personnages, tels que les princes du sang, les maréchaux de
France, quelques ducs et pairs, et un très-petit nombre des premiers personnages du corps diplomatique,
du clergé et de l'armée.

Les princes de la maison de Bourbon ont reparu
parmi nous avec le cordon bleu, des cocardes blan-
ches, des costumes anglais. Qu'ils connaissent mal la
nature humaine et l'influence des signes sur les hommes ! La cocarde blanche sur les chapeaux des généraux, des soldats de la révolution ! Des costumes anglais, dans ce jour où il fallait faire oublier qu'on
avait passé tant d'années parmi les ennemis de la
France, et paraître Français plus que les Français
mêmes ! Et le cordon bleu avec son pigeon, que disait-il aux yeux et aux cœurs des hommes de trente à
quarante ans, qui n'en avaient jamais vu, ou ne l'a-
vaient pas vu depuis vingt-cinq ans ! ! ! Rien du tout....
Mais à côté de la voiture de Louis XVIII, on voyait
précéder, sur de magnifiques coursiers, ces indomp-
tables généraux, ces soldats de la révolution, dont
chaque nom rappelle des batailles et des victoires ; on
les voyait décorés des éclatantes couleurs, des aigles,
des symboles nationaux et glorieux de la Légion-
d'honneur !

ban de la Légion d'honneur : plusieurs émigrés puissans trouvent un malin plaisir à en

---

Si Louis XVIII eût été aussi habile politique qu'il
est bon rhétoricien , il aurait conçu qu'il ne pouvait
rendre aux signes et symboles de l'ancienne monarchie , leur valeur (si tant est qu'il fût nécessaire de les
ressusciter) qu'en les plaçant à côté des signes et des
symboles que les Français, qui sont nés où qui ont
formé leurs préjugés et leurs opinions durant sa longue
absence ; ont contracté l'habitude de respecter. Mais
pour cela il eût fallu décorer du cordon bleu des vilains , des roturiers ! Ah ! quelle profanation ! plutôt
périsse la monrrchie !

Au reste, le roi et les princes, qui portaient depuis
leur retour la croix de Saint-Louis avec le cordon
bleu, et affectaient de ne pas porter celle de la Légion-
d'honneur, qu'ils avaient voulu , mais n'avaient osé
détruire, ont par cette conduite, quoique fanatique et
puérile, outragé l'armée et la nation en masse pendant
dix mois, et ont ainsi donné la mesure de leurs inten-
tions et de leurs facultés intellectuelles.

Nous terminerons cette note par rappeler une anec-
tote qui , seule, suffira pour donner la juste mesure de
cette pitoyable famille.

Lorsque le général Pichegru entra en négociation
avec le prince de Condé pour rendre la couronne à sa
famille , ce qui eût été alors chose possible, si ces

décorer leurs secrétaires, leurs intendans ; elle est prostituée à la livrée, et semble être de-

---

princes eussent eu le sens commun, le prince de Condé fut plus de vingt-quatre heures à se décider à donner à Pichegru le titre de général dans sa lettre, parce que, disait-il, il n'en avait pas reçu le brevet du roi!!! Ensuite vint l'article des récompenses, des honneurs pour Pichegru et les autres généraux.... On consentait bien à l'*ennoblir*, et à le faire duc d'Arbois et maréchal de France.... Mais pour le cordon bleu, cette couleur céleste!.... et le divin pigeon!.... ah! c'était trop dur!... Impossible!... on ne pouvait les placer sur la poitrine d'une personne qui n'avait pas cent ans de noblesse!!! Il fallait que le maréchal et roturier duc d'Arbois, et ses autres généraux roturiers, tout en remettant ces habiles et valeureux princes sur le trône, se contentassent du modeste grand cordon de l'ordre militaire de saint Louis, qu'on donnait aux gentilhommes de province que la nature avait doués d'un assez bon estomac pour parvenir, après cinquante ans de service et au bel âge de soixante-dix ou quatre-vingts ans, au grade de maréchal de camp ou de lieutenant-général! Ce sont ces imposans guerriers qui ont reparu avec Louis XVIII. Malgré leur caducité, leur tournure hétéroclite, leurs coutumes à la pourceaugnac, ces espèces de spectres et de loups-garous n'en étaient pas moins d'une insolence qui eût été révoltante si elle n'eût été si ridicule dans de tels êtres, venue la récompense de l'antichambre (1).

2° On ôte aux légionnaires le droit de voter, et on leur enlève leur biens, de même qu'aux Invalides.

On nomme quatre cents et quelqnes officiers-généraux, et plus de cinq cents colonels parmi des hommes qui n'ont jamais servi que parmi les émigrés à la solde de l'Angleterre; en un mot, on s'acharne à vouloir déconsidérer l'armée. Tant est vrai le mot d'une femme célébre (madame de Staël) que certes on n'accusera pas d'avoir eu pour Napoléon des sentimens trop indulgens. A propos des sottises des Bourbons et de leurs mignons, elle disait, à la fin de l'année dernière : *Ils n'ont rien appris et rien oublié.*

auxquels *nos moustaehes* et *durs à cuire*, qui ont toujours le mot propre, ont donné le sobriquet de *voltigeurs*, et l'on sait qu'en France le ridicule tue.

Henri IV disait que le royaume de France valait bien une messe; mais ses successeurs, qui ont long-temps vécu parmi l'étranger, ne font pas tant de cas de cette pauvre France; ils pensent sans doute qu'elle ne vaut même pas quelques chiffons rouges ou bleus.

(1) On avait donné la croix de la Légion d'honneur au portier de M. le duc-maréchal de..... dont la tête, affaiblie par l'âge, ne s'aperçut probablement pas que c'était une insulte qu'on lui faisait.

3° On destitue un grand nombre de fonctionnaires publics pour y placer des créatures des nouveaux ministres. Les juges sont déclarés inamovibles par toutes les lois constitutionnelles et par la charte de Louis XVIII luimême, et après laquelle ils ne peuvent être destitués qu'au préalable on ne leur ait fait leur procès. Cependant, au grand scandale de la nation, on a destitué plusieurs membres de la première cour de l'Etat, la cour de cassation, des cours d'appel et des autres tribunaux.

4° L'abbé de Montesquieu prépare, au ministère de l'intérieur, une ordonnance royale pour exclure des maisons d'éducation aux frais de l'Etat, ou pour n'y plus admettre à l'avenir les enfans des protestans morts ou blessés au service de la patrie, et pour déclarer tous les protestans inadmissibles aux emplois civils et militaires. On voulait, comme autrefois, les frapper de nullité civile. Mais ce projet d'ordonnance ayant fait jeter les hauts cris à Paris, on se contente de donner, au bureau chargé de ce travail, des instructions qui lui enjoignent de ne point admettre à l'avenir, dans les maisons d'éducation publique, des enfans de protestans ; de donner de préférence toutes les places aux enfans de deux cents et quelques

mille nobles de l'ancien régime : de manière
que les maisons d'éducation de Saint-Cyr, de
Laflèche, de Saint-Germain, de Saint-Denis,
d'Ecouen, et les bourses des lycées, fondées
par l'empereur Napoléon, pour donner une
éducation gratuite aux enfans de l'un et de
l'autre sexe, des militaires pauvres, et des fonctionnaires publics peu fortunés, sans acception
du culte de leurs pères, allaient devenir, comme
les écoles royales d'autrefois, le domaine exclusif de notre fourmillière de nobles, au dé-
triment d'un grand nombre de familles res-
pectables qui ont acquis des droits à la reconnaissance nationale.

5° Le ministre de l'intérieur avait destitué,
à tort et à travers, presque tous les préfets,
sous-préfets, et une multitude d'administra-
teurs et employés, sans autre raison, sans autre
but que de donner ces places à des émigrés,
ou aux protégés de ses catins; et Louis XVIII
peut remercier aujourd'hui son ministre de l'intérieur de ce que les départemens, qui ont
montré le plus d'enthousiasme pour Napoléon,
et le plus d'exaspération contre les Bourbons
et les anciens nobles, sont précisément ceux
où ce prestolet insensé avait placé ses favoris
particuliers en qualité de préfets, de sous-
préfets, etc. etc.

Dès le commencement de juin dernier, c'est-à-dire un mois après le retour du roi, des instructions furent données au ministère de la guerre pour ne recevoir, comme officiers dans la maison militaire du roi, et pour gardes-du-corps, que des anciens nobles; insultant ainsi la nation en masse, et oubliant que ce fut une pareille insulte qui contribua plus que toute autre cause, il y a trente ans, à aliéner aux Bourbons l'affection de toutes les familles qui n'avaient pas dans leurs armoires des parchemins illisibles.

6°. Que dire des absurdes et ridicules règlemens faits par le ministre de l'intérieur pour anéantir la liberté de la presse. Je ne ferai point l'énumération des taxes établies par les différens ministres, je craindrais de paraître vouloir aller au-delà des bornes de la vérité, je ne crois pas que la fiscalité ait jamais été poussée aussi loin; tout le monde semblait appliquer son esprit à créer un nouvel impôt; c'était à qui saurait le mieux déguiser son jeu; tous les ministres semblaient s'être donné un défi pour voir lequel d'entr'eux irait le plus loin en ce genre, jusqu'au chancelier qui était entré en lice. Et cependant une des phrases du comte d'Artois, comme lieutenant-général du royaume, avait été l'abolition des droits réunis, celui de tous les impôts qui rend le moins au gouvernement, en proportion de ce qu'on prélève sur les particuliers. En un mot, le plus odieux des impôts, à cause de la manière arbitraire et sans cesse fatigante dont il est perçu. Durant les dix mois qu'a duré le gouvernement royal, il n'a rien été fait pour rendre cet impôt moins odieux.

Napoléon a mieux fait : à son entrée en France, il n'avait pas promis d'abolir les droits réunis ; mais on vient d'y faire de telles réformes, en supprimant une multitude d'employés inutiles, et en changeant le mode de perception, que le particulier paie moins et d'une manière moins arbitraire, et nullement vexante, et que cependant cet impôt produira au moins autant qu'auparavant. Voilà comment un gouvernement habile et ferme, qui ne se laisse pas conduire par d'insatiables favoris, sait profiter des fautes et des sottises de ceux qui l'ont précédé.

Vous voyez, Mylord, comment dès leur retour en France, les Bourbons ont débuté ; ils ont violé les promesses et les sermens les plus solennels ; ils ont voulu détruire soit par de petites perfidies, soit par des ordonnances contraires à la charte même de Louis XVIII, toutes les institutions, tous les droits nés de la révolution. Dans aucun de leurs actes, on ne reconnaît, il est vrai, ni les démarches d'une politique tortueuse et habilement perfide, ni les coups d'autorité d'un despotisme vigoureux : mais remarquez, Mylord, je vous prie, que dans toutes les proclamations, dans tous les discours de Louis XVIII, on trouve un style ambigu, des expressions à deux sens : partout perce le désir de tromper et de se rétracter de ses promesses lorsqu'on croira pouvoir le faire sans danger.

C'est en menaçant tant d'existences, en alarmant tant de propriétaires nouveaux, en blessant tant d'orgueils et tant d'amour-propres que les Bourbons et les émigrés ont ranimé des haines éteintes depuis dix ans. Il n'y a pas en France une commune, une paroisse qui ne compte parmi ses habitans plusieurs familles qui ont donné des gages à la révolution, en s'élevant par elle, en acquérant des biens nationaux, etc. Toutes ces familles, tous ces individus ont un intérêt commun, et font aujourd'hui cause commune : ils couvrent le sol de la France.

Encore si les Bourbons étaient rentrés en

France en vainqueurs ; s'ils eussent été placés sur le trône par un parti français, on conçoit qu'ils eussent pu avoir le droit d'agir en maîtres irrités. Mais comment ont-ils reparu parmi nous !!! à la suite des bagages des armées étrangères.... Ils sont entrés dans Paris, et Louis XVIII *a pris un sceptre flétri, il s'est assis sur un trône sans gloire, dont Bonaparte ne voulait plus alors.*

Combien différente fut la conduite de ce Henri IV, dont nous adorons la mémoire. Il passa plus de vingt ans à combattre, *mais avec des Français,* pour les droits de sa famille et et les siens, contre une faction soutenue par l'étranger pour lui ravir sa couronne. *Mais Henri IV sut pardonner, parce qu'il savait combattre, parce qu'il était brave ;* mais Henri IV avait été élevé dans les camps, au milieu des paysans du Béarn, qu'il traitait toujours avec une sorte de familiarité paternelle, qui loin de faire rien perdre à la majesté du roi, la changeait en une sorte d'idolâtrie. C'est qu'il était à-la-fois ferme, bon et loyal ; c'est qu'il n'avait point été élevé dans la mollesse *sultanesque* (pardonnez-moi le mot) de la cour, ou pour mieux dire, du sérail de Louis XV, par des courtisans et des courtisannes ; c'est que , quoiqu'il eût infiniment plus d'esprit qu'aucun de ses descendans, il ne se piquait pas d'être un *roi académicien*, et de faire des périodes arrondies à double entente ; mais il tenoit par-dessus tout à sa parole. *Qui dira que le roi de Navarre ait jamais manqué à sa parole*, est un de ses mots les plus heureux. Jamais il ne promit rien *par peur*, dans des termes équivoques, et avec l'intention de se rétracter lorsqu'il croirait être assez fort pour le faire. Ce fut uu telle conduite, encore bien plus que l'esprit de faction de ces temps, qui perdit Henri III , et qui eût fait passer la couronne dans l'illustre famille des Guises, s'il n'y eût eu alors un Henri IV.

Ce prince fit pour la gloire et le bonheur de son peuple (deux choses inséparables dans un grand état.) tout ce que les lumières et les idées du siècle permettaient ; lui et son immortel Sulli, avaient l'ame trop grande, trop française, pour chercher à faire rétrograder les lumières afin d'asservir leur pays. Ces grandes ames se fussent indignées à l'idée de faire des promesses ambigues ; à celle de faire ou de laisser protester des princes et des seigneurs contre ses promesses ; de faire ou de laissez dire à d'ineptes et lâches privilégiés qui ne surent ja-

mais que fuir, tendre la main aux aumônes de
l'étranger et les exciter a s'armer contre leur
patrie ; il n'eût jamais permis qu'on leur dit
pour appaiser leurs criailleries : *tranquillisez-
vous, je vous réponds de l'avenir!* (1) Ils se
fussent surtout indignés d'êtres redevables de
leur trône à des armes étrangères.

Ils n'auraient point écrit surtout à l'irrécon-
ciliable ennemi de leur patrie, que c'était à
LUI, APRÈS DIEU, qu'ils étaient redevables de
leur couronne (2).

Un Français, un Béarnais ne peut tarir lorsqu'il parle de Henri IV. Voyez avec qu'elle
générosité, avec quel abandon il se conduisit
envers les Guise, leur parti et les ligueurs.
Il les combla de ses faveurs, et se qui attache
bien plus les hommes, il leur accorda toute sa
considération et sa confiance ; Mayenne devint
son meilleur ami : et il n'eût pas a s'en repen-
tir. S'il tomba depuis sous le fer d'un assassin,
ce monstre fanatique reçut le poignard de la
main des moines, mus par un seigneur ambi-

---

(1) Mot du comte d'Artois.

(2) Lettre de Louis XVIII, lors de sa rentrée en
France, au prince régent d'Angleterre.

tieux; et tout le peuple pleura sa mort, comme celle d'un père adoré.

Mais tout s'use, tout dégénère sur la terre, surtout les familles souveraines après quelques générations; et l'histoire de votre pays, Mylord, ainsi que celle de toutes les nations, prouve que lorsqu'une dynastie a perdu l'estime et la confiance publique, c'est en vain que les classes attachées a cette dynastie par leur intérêt s'efforcent de leur faire reprendre racine. Le sort de leurs adhérens est, et a toujours été, de partager leur honte et leur proscription.

On a beaucoup parlé de trahison, et les désœuvrés de Paris, qui sont royalistes par peur encore plus que par ton; ne cessent d'accuser deux ou trois illustres personnages d'avoir trahi la confiance du roi, alors qu'ils étaient revêtus par le souverain de grands commandemens. Le fait est, qu'au moment du débarquement de l'Empereur, deux ou trois illustres chefs de nos armées se sont crus obligés par leur serment de prendre les armes contre Napoléon; mais quand l'enthousiasme de la nation leur eût fait connaître de quels sentimens le peuple français était animé, ils se crurent dégagés par la nation des engagemens contractés avec le roi , et cela explique assez leur conduite ; la patrie avait eu leurs premiers services, elle devait avoir leur dernier dévouement.

L'on se trompe fort en pays étranger, si l'on prend les propos et l'esprit de certaines coteries de Paris et de quelques autres grandes villes de l'Empire, pour l'esprit public de la France.

Notre fourmillière de petits nobles de l'ancien régime ne ressemble en rien à la vraiment noble pairie d'Angleterre (1); votre noblesse

____

(1) Les écrivains anglais, et tous les Anglais en général , affectent dans la conversation , en parlant de notre ancienne et innombrable noblesse , de ne pas se servir du mot anglais *nobility*, qui pourtant est l'équivalent de notre mot français noblesse, tant ils sentent la vaste différence qui existe entre un noble anglais qui, par droit d'hérédité , exerce au parlement une partie de la souveraineté nationale, et l'un de ces gentilâtres à deux mille écus de rentes, qui mettaient au premier rang de leurs privilèges le droit qu'ils avaient autrefois de battre impunément les paysans de leur village, et de traiter avec insolence et mépris ce qu'ils appelaient les bourgeois ; et dans cette dénomination ils comprenaient les négocians, les banquiers, les gens de loi : c'était à leurs yeux autant de vilains , de roturiers , qui n'avaient pour eux que l'éducation ,

a son berceau dans les familles de ces immor-
tels barons, qui arrachèrent la grande charte
à ce pusillanime roi Jean, qui, *aussi*, avait
envie d'être despote. Votre chambre des pairs
a été, dans toutes les grandes époques de
votre histoire, le refuge de la liberté et le bou-
levard de votre indépendance nationale,.... Le
mot de patrie ne se trouvait point dans le voca-
bulaire de nos ex-nobles; c'était pour eux un
mot vide de sens. Ils ne parlaient que du prince,
leur maître; ils n'aimaient que leurs prérogatives, et affectaient le mépris le plus insultant
pour toutes les autres classes de la nation, dans
plusieurs desquelles cependant se trouvaient
plus de fortune, plus d'éducation et plus de
lumières que parmi nos ignares gentilatres de
province.

---

les lumières, souvent la fortune, et généralement des
mœurs pures. Nous avons eu autrefois entre les mains
la lettre qu'un gentilhomme gascon écrivait à son fils,
qu'il faisait élever à l'Ecole-Militaire. Il lui disait :
*Malheureux ! tes paires et maires seruinent pour te donner
de l'éducation, et tu ne sait pas l'aurtaugrafe !* Et le
brave homme qui écrivait de la sorte, était maré-
chal-de-camp, lieutenant des Gardes-du-Corps dans
la compagnie de Noailles.

Voilà, mylord, ce qui explique la conduite de tous les militaires français animés du véritable honneur, qui est inséparable de l'amour de la patrie. Et, je le demande à votre seigneurie; à vous, patricien et sénateur (1) d'un grand peuple libre, lesquels pensez-vous qui soient parmi nous les amis de notre patrie, les Français estimables ? Sont-ce ceux qui, n'ayant pu nous faire rétrograder vers la féodalité et le despotisme; ceux qui voulaient *nous assoupir* (2) pour nous conserver comme des Espagnols ou des sujets du pape; faire de nous une nation du second ordre, et reconnaître Votre prince comme leur suzerain et les rois de l'Europe, dont ils invoquent aujourd'hui les ven-

---

(1) L'évêque d'E.... est d'une des plus nobles et des plus anciennes milles de l'Angleterre; il y a deux pairies dans sa famille. En Angleterre, on appelle, en style oratoire, le parlement le sénat, et les membres des deux chambres indistinctement, les sénateurs de la Grande-Bretagne.

(2) L'abbé de Montesquiou, que ses courtisans et ses courtisannes appelaient déjà le moderne Richelieu, disait qu'il fallait gouverner la nation française par *l'assoupissement*, et ses prévoyans dîneurs disaient que c'était un mot digne de Richelieu, ou tout au moins de Mazarin.

geances contre leur patrie, comme leurs protecteurs? Sont-ce de tels hommes, dégradés en tout sens, que des Anglais qui aiment leur patrie comme l'aimaient les peuples libres de l'antiquité, sont de tels hommes que des Anglais peuvent estimer? Sont-ce de tels hommes qu'ils puissent plaindre? Est-ce avec de tels êtres que les cœurs généreux et magnanimes peuvent sympathiser, ou bien avec ces nobles patriotes, *sans peur et sans reproche,* à la première époque de la révolution? Les La Fayette, les Lanjuinais, les Carnot, les Grouchy et les Lecourbe, etc., également étrangers à la cour et aux faveurs des Bourbons et de Napoléon, et les Français de toutes les classes, qui, abjurant tout sujet de mécontentement personnel et de crainte, volent au secours et à la défense de la patrie, et se déclarent les champions du trône impérial, parce qu'il est fondé sur une constitution vraiment libre et nationale; parce que ce trône est placé à côté de l'autel de la patrie, et que sur ce trône siége un héros capable de faire respecter le nom français!

On reproche de grandes fautes à ce héros; et sans doute qu'il en a commises. Mais combien elles ont été exagérées par la médiocrité, la bassesse et la calomnie! Au reste, mylord, vous qui avez le cœur si noble et l'imagination si poétique, vous sentez que ces erreurs, que ces écarts furent ceux d'un grand homme. Admirez avec nous avec quelle sagesse, avec quel calme, avec quelle grandeur il débute de nouveau sur le grand théâtre du monde politique ! Non, il n'y a que la plus sublime magnanimité qui puisse ainsi lui faire oublier toutes ses affections, toutes ses aversions personnelles, pour faire triompher la grande cause de la patrie; et son exemple est suivi par tous les hommes qui ont quelque dignité dans le caractère. Non, ce n'est pas ainsi qu'agissent les cœurs ordinaires, même lorsqu'ils sont joints à un esprit supérieur; et c'est bien ici le cas de dire, avec Sénèque : *Humanum est errare, sed errores, feliciter retractare, ferè divinum.* C'est le propre de l'humanité de se tromper; mais les âmes héroïques reviennent toujours de leurs erreurs.

Pourquoi, mylord, votre seigneurie n'a-t-elle pas vu? pourquoi des membres de votre parlement? pourquoi vos ministres n'ont-ils pas vu Napoléon dans son trajet solennel de Cannes à Grenoble, de Grenoble à Lyon et de Lyon à Paris? Vous auriez vu toute la population des campagnes l'attendant vingt-

quatre heures d'avance sur les grandes routes ;
les paysans bivouacaient sur les routes , et allu-
maient des feux pour réchauffer *leur Empe-*
reur et éclairer sa marche. Vous les auriez en-
tendus criant vive l'Empereur ! Délivrez-nous
des nobles et des prêtes ! c'est-à-dire, du retour
de la féodalité et de la dîme. Nos bras , ceux
de nos enfans sont à votre service. *Armez-*
nous pour la nation , s'écriaient encore ces
paysans , et nous vous défendrons contre les
Bourbons , leurs nobles, et contre toute l'Europe ! Voilà, mylord , ce que votre seigneurie aurait pu entendre retentir sur toute la
route de Cannes à Paris , jour et nuit, du 1ᵉʳ
au 20 mars. Voilà, mylord , les trahisons qui
ont rallié les chefs de l'armée, et tous les cœurs
de la France à Napoléon.

Et l'on veut à présent, comme en 1792 et
1793 , etc., nous exterminer pour nous asservir sous un roi impuissant, lui faire un petit
royaume de cocagne au milieu de la France et
de nos provinces frontières , aggrandir *l'em-*
pire du roi de Sardaigne, donner des compen-
sations à la Prusse, etc., etc., et donner à vos
marchands le commerce exclusif du monde !

Non, mylord , il n'en sera pas ainsi : nous

avons juré, notre brave armée jure à la manière de 1792, l'indépendance et l'honneur de la France.

Je suis avec respect,

MYLORD,

de Votre Seigneurie,

le très-humble, etc.

De l'Imprimerie de POULET, quai des Augustins, N°. 9.

www.ingramcontent.com/pod-product-compliance
Lightning Source LLC
Chambersburg PA
CBHW061619060726
47597CB00005B/1703